우리의 시간이
꽃말이 되었을 때

-

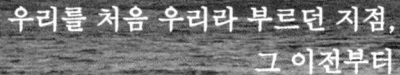

우리를 처음 우리라 부르던 지점,
그 이전부터

우리가 끝내 우리를 저버린 지점,
그 이후의 여정까지

photography & words. @maumxscenes
instagram. @maumxkim

* QR코드를 통해 사진계정에서 음악큐레이션과 함께
  글과 사진을 감상하실 수 있습니다.
* 시적 표현을 위한 비문이 포함되어 있습니다.

들어가는 말

우리를 처음 우리라 부르던 지점, 그 이전부터
우리가 끝내 우리를 저버린 지점, 그 이후의 여정까지
나를 한 줄, 한 글 꾹꾹 채우다가
마침내 당신 앞의 한 권이 되었다

결국 우리는 비슷한 마음이니까
이렇게 마주하지 않았을까

어떤 안내로 우리 이 작은 종이창 사이로
이야기하게 되었는지 알 수 없지만
이 별것 없는 문장들에 당신의 모습들도
여기저기 묻어 있으면 좋겠습니다

당신의 시간은 어떤 꽃말로 남았는가
당신은 그 사람에게 어떤 꽃말이 되었는가
이 책의 마지막엔 각자 가슴에 남은
고유의 꽃말을 마주하길 바라는 마음으로―

1부 ── 안녕과 안녕, 그 사이

찰나에 봄 17. 기어코 너에게 고백한 날이 있었다 18
고백의 파도 21. 저 윤슬을 한 데 모아본들 22
투명하다면 얼마나 좋겠어요 25
잠꼬대에서조차 나를 사랑한다 말해주는 그대에게 26
전파는 사랑을 담기엔 너무 가벼워 28
우산이 기울면 30. 우리의 이야기를 하자 31
내 사랑은 꼬리로 말해요 33. 간격 34. 품 36
우리 잉크의 춤을 추자 38
왜 중국집을 오면 항상 우리 옷은 흰색일까요 40
내 사랑의 이력서는 백지가 되었어요 43. 한강이 얼었다 44

안녕, 그 이후의 나날 ——————— 2부

사랑환경론 52. 그대의 뒷모습은 알지 못합니다 55

그게 나여서 56. 다시, 또 굴레로 58

사계절 내내 우리는 예뻤다 60

겨울을 입기도 전에 널 마주해야 했다 62. 이별의 측정치 63

첫 재회 64. 넌 저런 옷은 입지 않았어 66. 싹둑 67

이별의 겹을 지나 나에게 왔다 68. 손난로 70

이별의 주범 72. 한낱 불꽃놀이 74. 애쓰지 않아도 여기에 77

어떤 연유 78. 멀어질 줄만 알았던 사이 79

브레이크는 있었다 80. 이별의 폭로 82. 자책 같은 자랑 83

부스러기로 사는 우리를 만났다 85

혹시, 어쩌면 86. 방부제를 품은 마음 88

그리움으로 삽니다 91. 너의 방을 얻고 왔다 93

그대였던 게 많아 94. 파도야 오지 마라 96

내 모든 구석은 어떻겠나요 98

3부 ──── 다듬어서, 다시 안녕

게슈탈트 붕괴 105. 윤슬이 불러온 106
전조등과 유리빛, 그리고 우리 108
그 골목의 정의가 네가 되었던 날이 있어 110
우리 함께이던 장면들을 모으면 111
변치 않을 잔상 113. 빗물이 남긴 암호 114
아직 너에게 그런 존재라면 116
오늘도 멀리서 사랑할게요 117. 손톱달 119
반딧불이 잔상이 되도록 120
이사는 옮기는 일인 줄만 알았지 122. 음성의 수명 124
주황 노랑 빨강 그 어디 즈음의 노을 127
내 안의 리시안서스 128. 나는 네게 어떤 꽃말로 남았는가 130
우리를 부르려고 해 132. 80% 133
꽃망울로 굳어버린 사랑일지라도 135
우리는 애써 눈사람을 쌓고 137
나로부터 시작되어야 할 일 138. 배움에서 배웅으로 139
사랑은 바다 140. 영원히 사랑해 142
놀이터에 꽃을 심는 마음 146. 안녕과 안녕, 그 사이 148

──────── 나가는 말 151

1부

안녕과 안녕, 그 사이

찰나에 봄

―

고작 몇 초였던가

너를 바라본 그 찰나만으로
내 온 감각에선 하루 종일 봄 내음이 났다

고작 눈맞춤에
너를 뒤집어썼다

기어코 너에게 고백한 날이 있었다

부딪히지 못할 마음이라면
차라리 부서져버리라고
쓰이지 못할 마음이라면
부풀지나 말라고
저주를 하며 거꾸로 애원하던 나날들

네게 끝내 다가서지 못한 시간들이
매일 밤 이불을 차며
호통을 치던 날들이 있었다

그 날밤들을 넘고 넘어
기어코 너에게 고백한 날이 있었다

고백의 파도

백사장에 닿은 파도는
그 얼마나 멀리서부터 이끌려 왔는지 가늠할 수 없었다

그렇게 측정 불가한 깊이로부터
오늘 그대에게 비로소 닿은 나의 고백이었다

저 윤슬을 한 데 모아본들

-

저 윤슬 한 데 모아본다 한들
내 마음에서 빛나고 있는
그대만큼은 이기지 못해요

오직 그대보다 빛나는 것은
그대를 바라보는 나의 마음뿐입니다

투명하다면 얼마나 좋겠어요

―

그대의 마음과 나의 마음이
투명하다면 얼마나 좋겠어요

저기에 이것이 없다면 이것을 저기에 넣고
여기에 저것이 없다면 저것을 여기에 넣어
안고 있는 품도 같아진다면 얼마나 좋겠어요

오늘도 그대의 품이 보이지 않아
여기에서 이것을 뺐다가

다시

저것을 넣다가
또 뺐다가

혼자 울다가
성을 내다가
금세 또 이렇게 웃어 버려요

잠꼬대에서조차 나를 사랑한다 말해주는 그대에게
나는 어떤 꿈으로 답장할 수 있을까요

어떤 꿈이어야 잠과 깸 사이
길을 헤맨 순간에도 사랑을 고백하는 그대에게
토닥이는 자장가가 될 수 있을까요

전파는 사랑을 담기엔 너무 가벼워

-

전파는 사랑을 담기엔 너무 가벼워
그러니 너와 나는 만나자

날아가다 해지고 증발된 반쪽 마음 말고
우리 사이 온전히 근중한 진심

입꼬리만 봐도 알 수 있는 것을
우리는 모든 오감 활짝 열고 부둥켜안아보자

전파로는 내 사랑을 한 번에 담을 수 없어

그러니 너와 나는
이렇게-
계속-
만나자

우산이 기울면

—

사랑이 채워지면
우산은 기울어진다

그깟 빗물 한 톨 더 막아주겠다고
자신의 반쪽 어깨 하늘에 내어주며
우산은 기울어진다

사랑은 그렇게
우산의 기울기를 타고
사랑하는 이에게 흘러 내려온다

사랑하는 마음이 별것이랴
바짝 잡은 어깨와
우산이 기울면
그것이
사랑이다

우리의 이야기를 하자

—

우리,
우리의 이야기를 하자

늘 부딪혀 미워하는 사람 애기 말고
항상 부러워 보이는 사람 애기 말고
일어나지 않을 우리의 이야기는 더더욱 말고

하나의 인생도 그 테두리를 알 수 없는데
두 개의 우주가 만났으니 이 얼마나 큰 사건인가
지금의 우리만 담기에도
충분히 가쁜 우리의 시간

하루하루 포개어지는 너와 나
그 스며드는 우주의 어여쁨에 대하여

지금 여기,
사랑하는 우리,
우리의 이야기를 하자

내 사랑은 꼬리로 말해요

―

그대,
날 앞에서만 본다면 내 마음을 알 수 없어요
내 솔직은 앞모습보다 뒷모습에 있거든요

그대를 보면 애써 모른 척하는
내 입꼬리는 마음대로 하여도
그대를 보면 절로 꿈틀대는
내 꼬리는 조작하지 못해요

그러니 그대,
부디 내 뒷모습까지 봐주세요

그댈 만나면 참 쑥스럽게도
늘 가만히 있질 못하고
속없이 살랑이고 마는
내 사랑은 꼬리로 말해요

간격

-

그 사이로 보이는 하늘이면
간격도 장면이 된다

우리 사이로 보이는 장면이면
간격도 사랑이 된다

품

—

너
쏟려오는 슬픔에
모든 게 휩쓸릴 때

그 눈물을 위로 대신
내 품으로 안아줄게

알아,
설명 안되는 거
설명하기 싫은 거

절대 묻지 않을게
그 아픔의 정체는

그저 아픔의 크기를
내 옷깃을 적시는 온도로만
어렴풋이라도 알려줘

발갛게 일그러진 네 얼굴
내 가슴에 숨을 수 있게

슬픔만으로도 벅찬 네 숨을
내 품 안에서 찬찬히 고를 수 있도록

내 품으로 안아줄게

우리 잉크의 춤을 추자

―

삶이란 어쩌면
사랑하는 이를 닮고 또 흡수해가는 것

내가 네가 되어보고
네가 내가 되어보는 세상 안에서
내 속살을 캔버스로 내어주는 일

나는 네 모습을 간직하고
너는 내 모습을 간직하는 세상 안에서
열렬히 서로를 흠뻑 물들이는 일

나는 이리저리 여러 색으로 엉키다
너를 만나 또 처음 보는 색으로 빛난다

언젠가 물감의 유통기한에 닿아
누구는 물, 누구는 기름이 된 채
서로에게 더는 퍼지지 못할 지점이 올까

그저 우리의 엉킴이 멈추지 않도록
우리는 끊임없이 섞이는 색이자

그렇게 우리는
오래오래 잉크의 춤을 추자

왜 중국집을 오면
항상 우리 옷은 흰색일까요

-

왜 중국집을 오면 항상 우리 옷은 흰색일까요
아니, 하얀 옷을 입으면 중국음식이 당기는 걸까요
그래서 늘 앞치마를 달라 부탁하지요

너는 짜장면
나는 짬뽕

서로 방패를 질끈 목에 메고서
허겁지겁 먹다 보면

꼭 미처 가리지 못한 곳에
너는 까만색
나는 빨간색
얼룩이 흩뿌려져 있어요

이럴 줄 알았다-
서로 으이구-하며 알아서 휴지를 챙겨주는 게
아, 이게 사랑이네요

그렇게 우린 옷에 같은 기름냄새 잔뜩 머금고
각자 다른 색의 얼룩을 뽐내며
좋다며 거리를 활보합니다

내 사랑의 이력서는 백지가 되었어요

그대를 만나
내 사랑의 이력서는 백지가 되었어요

분명한 날짜와
분명한 이름들
분명한 감정들
이 모든 게 낱낱이 기록되어 있던

전혀 자랑스럽지 않지만
괜히 사랑을 다 안다고 우쭐대는 경력 같던 존재가
그대를 만나 새하얀 종이가 되었어요

마치 단 한 번도 사랑을 안 해본 사람인 양
나 이리도 하얗게 그대를 사랑하고 있어요

한강이 얼었다

시린 얼음판으로 이미 굳어버린 너와
아직은 더 흐르고픈 나

그 사이,

무수히 부딪히고 멍들어
잘게 잘게 부스러진
파편의 우리

2부

안녕, 그 이후의 나날

사랑환경론

―

어쩌면 우리는
하필 그런 자리에 놓여
서로 괜찮다고 생각할 정도의
적당한 조건과 상황에 서로를 승낙하고는
우리 사이 거리가 좁아져
그걸 사랑이라고 여긴 거야

단지
이른 봄, 시원한 바람
때마침 열리던 작은 축제들
누가 가도 맛있을 식당을
우리만의 특별한 무엇이라며
그걸 사랑이라고 여긴 거야

어느덧 우리를 밝혀주던 무대가 소멸하여
오롯이 서로를 마주한 순간,
너는 나의 타인이었고
나도 너의 타인일 뿐임을 인정했으리라

다시금 타인의 거리가 되어
우리 사이 이 거리가 익숙해져
그래서
헤어진 거야

지금이 제자리인 거야, 우리는

그대의 뒷모습은 알지 못합니다

내겐 그대가 기다리는 모습뿐입니다
내가 먼저 돌아선 까닭에
그대의 뒷모습은 알지 못하기 때문입니다

눈이 시려 감으면 지는 눈싸움처럼
그대 바닥 치는 마음의 표정을 감당할 자신이 없던
내가 먼저 돌아섰기 때문입니다

그 까끌거리던 눈을 꾹 참았다면
금세 따뜻한 눈물이 덮었을 텐데
그 틈을 메꿨다면 우린 아직 서로의 곁일까요

참 비겁했던 대가로
나는 늘 기다리는 모습의 그대만 남아
염치없이 부스러기 같은 사랑을 합니다

그게 나여서

–

나의 그 모진 말을 버틴 채로
눈물조차 닦지 못하고
혼자서 멍하니 울고만 있었잖아

그저 아이처럼 굳은 채로
빼앗기듯 내 손을 움켜쥐던 너

그 손을 놓아
처음으로 널 울린 채로 떠났다

멀어져 버린 나의 뒤로
가지 마–
마지막까지 고백을 했던 너

다시 안게 될까
끝내 널 보지 않았다

그대 감당한 상처를 가늠할 길 있을까
그리 오래 힘들지 않았기를

그런 말을 한 게 나여서 더 아프지 않았기를
그런 말을 한 게 나여서 너무 미안해

다시, 또 굴레로

−

이 끝나지 않는 다툼에
너를 향한 시간들이
지옥 같던 날들이 있었다

출구 없는 다툼의 굴레 속에서
제발 오늘만은 우리 무사하기를
기도하던 날들이 있었다

이 지긋지긋한 반복을 힘껏 벗어나지도
마음껏 즐기지도 못하니

그렇게 위태로운 날들이
어둠을 먹고 자라고 자라
마침내 비좁아진 제 심장을 부숴버린 날

한때는 우리를 의미하던 날들이 해방된 순간,
멀어져 가는 우리의 날들을 보며

다시,

또

미련의 굴레로

모든 사계절 하나하나에 네가 살고 있다

꽃에 욕심이 많던 너는
이 세상 모든 벚꽃을 볼 기세였고
우리는 사냥하듯 분홍을 찾아다녔다

더위는 어찌 그리 많이 타는지
손만 잡아도 땀이 나
새끼손가락으로만 팔짱을 낀 채
이글거리는 거리를 걸었고

낙엽을 간직하던 네게
그날 가장 예쁜 다홍 하나를 주워
읽다 만 책장 사이에 끼워주곤 했다

추위는 또 어찌 그리 많이 타는지
요란한 겨울의 춤을 추고서야 성이 풀려
발을 동동 구르며 내게 달려올 때면
난 약속한 듯 닫힌 외투를 활짝 열어
너를 품에 쏙 감추곤 했다

그렇게 사계절 내내, 우리는 예뻤다

겨울을 입기도 전에 널 마주해야 했다

-

채 겨울을 입기도 전에 널 마주해야 했다

지금 내 세상엔 없는 이 긴 머리카락은
대체 언제부터 나를 일깨우려
이 폭신한 니트를 덮고선
고이 잠들어 있었던 걸까

유난히 길던 머리칼은 떼어냈어도
유별히 검던 머리카락은 먹을 먹은 듯
가슴팍에 선을 그어놓았다

곧 흰 바람이 문을 두드리는 계절일 텐데
이미 대책 없이 늦어버린 가을

그저
묻어있던 네가 물들어 생긴 이 균열을
굳은 팔짱으로 더 에워싸는 수밖에

이별의 측정치

—

언제쯤이면
너로부터 떠나온 거리를 재지 않을 수 있을는지
너로부터 떨어진 날들을 세지 않을 수 있을는지

자꾸만 무의식이 측정하는
이별의 숫자들이 불러오는 널
언제쯤이면 궁금해하지 않을는지

첫 재회

-

우연히 너를 마주쳐
심장은 이미 땅을 구르고 있었다

이내 떨궈지는 너의 눈동자에
갈 길 없는 내 초점도
볼 일 없는 내 신발의 끝으로 떨어졌다

분명 난 신발에 집중하고 있는데
널 산만하게 걱정하고 있었다

나 때문에 아팠을 너에 대해
그동안 괜찮았는지
그 안부조차 물을 수 없다는 사실이
한꺼번에 덮쳐올 때 즈음

우리 사이 공간은
수축되었다가
이내 다시 팽창되고는

눈치 보던 소음도 무슨 일 있었냐는 듯
어색을 덮으려 더 소란스레 떠들어댔다

그렇게 운명이 쥐여준 그 시간은
너를 스치며 허무하게 증발해버렸다

넌 저런 옷은 입지 않았어

-

머물던 카페에 네가 등을 지고 앉아 있다

몇 번이고 유심히 너인지 확인하고
네가 틀림없다며 확신하다
또다시 자신이 없어 귀를 모아 음성도 수집해 보다
그래도 모르겠어서 웃음소리가 나기를 기다렸다

정작 하려던 일보다
더 열정적으로 내 안의 그대를 더듬어
머릿결이, 목소리가, 웃음소리가
어떠했는지 다급히 뒤적이다가
자리를 나서는 그 사람을 보고 나서야

맞아, 넌 저런 옷은 입지 않았어 -

그걸 이제야 알았냐며
민망함이 꼴사납게 눈앞에서 킥킥 간족거렸다

싹둑

―

그때는 알지 못했다

가장 예리한 칼이 된 심정으로
모질게 댕강 잘라버린 이 빨간 줄은
결코 완전히 단절될 수 없다는 것을

싹둑―
말끔히 잘린 줄만 알았던 말단에는
무수한 실밥들이 질경질경
서로 정전기에 엉겨 붙기도
바람에 절로 꼬이기도 하며

땅에 떨어져 눅눅하고 짓눌린
다른 한끝에 붙잡혀
끝끝내
연결되어 있다는 것을

이별의 겹을 지나 나에게 왔다

-

그대를 마주친 순간, 깜빡 이별을 잊었다
무슨 재미있는 걸 보고 있었는지
예전 그 장난스러운 미소를 띠고 있어서였을까

반가움의 본능이
그때의 별에서 발생해 현재에 닿은 빛처럼
까마득한 우주를 뚫고, 이별이라는 겹을 지나
이리도 생생하고 환하게 그때의 우리를 데려왔다

반가움의 속도에 속아
그저 오랜만의 연인을 마주하듯 실없이 웃어버렸다

그리움이 먼저 닿았어야 할
본능의 오류임을 알아챈 순간,
미소 묻은 내 찰나의 표정을 들켰을까
못내 안절부절못하는 일은
반가움을 그리움으로 오해한 내 몫이었다

손난로

-

이별의 쓰나미 후
가장 먼저 밀려온 건 외로움이 아니었다

너의 살갗에서 나던 향이
매일 잡던 너의 손이 얼마나 아담했는지 그 크기가

긴장한 모습에 실웃음이 나
이마에 키스를 해주던 내 입술의 감촉이

버스를 탈 때마다 뭐 그리 잠이 많은지
네가 항상 기절해 있던 내 어깨의 무게가
기억이 안 나서 너무 괴로웠다

사랑의 기억이 이렇게 시간 앞에
무력한 존재였던가
시간을 탓해보지만
결국 내가 더 해주지 못했다

내가 더 손잡았어야 했고
내가 더 입맞췄어야 했고
내가 더 어깨를 빌려줬으면
지금 기억이 선명할 것이다

당신 손은 나만의 손난로야-

유난히 차갑던 너의 손만을 녹여주던 내 손이
이제는 아무 기능이 없어졌다

내 오감은 널 느끼지 못해
아무 쓸모가 없다

이별의 주범

-

누군가는 더 모질어야
누군가는 더 아파야
이별은 성립한다

서로 같은 크기의 상처로는
이별은 성립될 수 없다

더 모질었던 게 왜 하필 나여야만 했을까

나는 그렇게 우리가 싸웠어도
그게 당신이어야만 했어-

마지막으로 네가 내뱉은 말은
그 넓은 이별의 공간에서
나를 한없이 작고 초라하게 만들었다

나는 이런 말을 해줄 만큼
너를 사랑해주지 못한 것 같아서

이 이별의 주범은
그토록 너라고 생각했는데
분명히 확신했는데

결국
나였다

한낱 불꽃놀이

만약 관계의 적신호탄이
우리에게 또렷이 보였더라면
지금의 우리는 달라졌을까

아니.

설령 눈이 멀도록 바로 목전에 번쩍였을지라도
그때의 우리는 그저 우리를 축복해 주는
한낱 불꽃놀이로 여겼을 거야

그때의 우리는,
그래서 지금의 우리도
끝내 아무도 막을 수 없던 일인 거야

애쓰지 않아도 여기에

-

결국 오늘도 크리스마스잖아
오지 않길 바랐을지도
혹은 오길 바랐는지도 모를

다가온 이 계절의 의미는
애쓰지 않아도 우린 여기에 있다는 것
이 연말의 공기 속에 분명 우리가 있다는 것
다시 찾아올 연말의 온기 속에서도
아스라이 우리를 찾을 수 있다는 것

이 크리스마스라는 계절
만년설과 같은 너를
분명히 만날 수 있다는 것

그만큼 우리의 크리스마스는 강렬했음을

어떤 연유

-

너와 나는
어떤 연유로 만나게 된 걸까

무슨 이유라고 해야
지금을 설명할 수 있을까

멀어질 줄만 알았던 사이

-

정말 개기일식이었던 걸까,
우리는

그렇게 돌고 돌다
간절히 마주친 걸까

그러고는
애초에 멀어질 줄만 알았던 것처럼
그렇게 우리는 멀어진 걸까

브레이크는 있었다

-

그땐 멈출 수가 없었다

이 길의 끝에 벼랑이 있다 하더라도
우린 브레이크를 밟으려 하지 않았다

그것이 큰 절벽인지, 그저 구덩이일 뿐인지
기어이 가서 확인하고 싶었던 거야

마침내 도착해 내려다보며
봐봐, 별거 아니었지 않냐고 호기 부리며
여태까지의 괜한 걱정을 비웃고 싶었다

투덜투덜 대는 비포장도로를
되려 엑셀을 밟으며
흥겨운 음악으로 덮고선 가볍게 무시했다

지도는 분명히 목적지가 낭떠러지라는데도
우리가 충분히 견딜만한 높이일 거라고

그렇게 우리는

끝까지

브레이크를 밟지 않았다

이별의 폭로

—

그대의 가장 작은 구석까지
사랑하겠다던 나는
그대의 가장 작은 구석만
사랑하는 사람으로 전락했다

내 사랑의 비루함은
이렇게 늘 헤어짐으로 폭로된다

자책 같은 자랑

-

마냥 흘러가버린 사랑이었으면
이럴 일도 없다는 게
외려 속상했을 일이라고

너무도 깊게 박혀버린 사랑이라
너를 정말 사랑했다고, 사랑한다고, 사랑했었다고
자책 같은 자랑을 할 수 있는 일이라고

그렇게 생각하기로 했다

부스러기로 사는 우리를 만났다

―

부스러기로 사는 우리를 만났다

남기려 한 적 없이 남겨진 까닭에
늘 발견하려 한 적 없이 발각되는 것

흩어져 모이지도 않는 기억들
그럼에도 하나하나 알록달록 색을 발하는 여운들

그 얼마나 선명하던지
그 얼마나 눈부시던지

이젠
부스러기가 무서워
먹지도 못하는 처지가 되어버렸다

혹시, 어쩌면

―

고요히 천천히
빗소리는 내 마음을 파고든다
조용히 먹먹히
빗소리는 뜸들인 내 말 틈을 채워준다

그동안 많이 아팠었는지, 많이 다쳤었는지
내게 함부로도 말하지 못하고
그저 넌 홀로 외롭게 이날을 준비했나 보다

미세한 빗물의 낙하 소리는
어느새 우릴 연결시켜주는 유일한 언어가 되었다

혹시, 어쩌면
날 두고서 이렇게 바삐 돌아서는 게
갑작스러운 결정은 아니었을까

날 두고서 이렇게 떠나가는 일이
내겐 너에게만큼 당연하지 못해서
아직까지 조금도 이 자리에서 벗어나지 못했다

방부제를 품은 마음

-

그저 네게 얘기하고 싶은 날이 있다

기분 좋은 날이면 가던
식당의 맛이 변했더라고

그날 우리 낙서를 했던 벽이
도장이 새로 되었더라고

우리 좋아하던 단골 카페 직원이
자리를 옮겼더라고

같이 부르곤 하던 가수의 신보가
이제는 진부해졌더라고

너와 함께 한 일시와 장소가
이젠 자취를 잃어가고 있다고

투덜대고 싶은 날이 있다

내 마음은 여전히
방부제를 품은 듯
부패하지 못해 그대로이노라고

들어줄 이 없는 넋두리
흘려보내는 날이 있다

그리움으로 삽니다

그리움으로 삽니다
그게 무슨 뜻이냐고요

아직도 부질없이 그대를 향한다는 말입니다
아직도 그대를 소재로 글을 쓴다고 툴툴대는 겁니다

너의 방을 얹고 왔다

-

너를 떠나기로 하고
육지에 모든 걸 남겨둔 채
노를 저어 어렵사리 배를 띄웠다

얼마나 되었을까
멀어진 지평선에 안심하며
무거워진 노를 잠시 놓아 방으로 들어오니

그대 향 머금은
두꺼운 이불
베개
목도리

아차,
네가 머물던 방을
그대로 얹고 와버렸다

그대였던 게 많아

–

내 곁엔 온통 그대였던 게 많아
나 어떻게 그댈 잊는지 모르고
걷고 또 걷다
여기까지나 왔어

나 홀로 걸어온 길이 그리 나쁘지 않아
달빛 아래 뒤돌아보니
그제서야 나란히 보이는
허전한 빈 발자국

나의 굳은 외면으로 부재했을 뿐
달의 시간이 되면 이리도 쉬이 드러남에
나도 모를 헛웃음을 뱉는다

언젠가는,
언젠가는 달빛의 현혹에도
저 빈 발걸음 보이지 않겠지

나 어떻게 그댈 잊는지
오늘도 무지한 채
다시, 거닌다

파도야 오지마라

―

고요하던 내게
늘 부딪히러 오는 건 너라서

늘 나를 할퀴고
애써 높여놓은 심장의 온도 떨구고
겨우 눅눅해진 마음 축축이 만들고
괜히 흐트러진 머리 한 번 쓰다듬고는

모른 척 홱 뒤돌아서는 건 그대라서

그대여, 다시는 내게 오지 마라
그러고는 자리를 피하지 않는 건 나라서

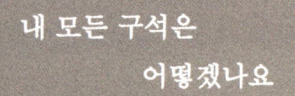

내 모든 구석은
　　　어떻겠나요

바다도 살이 베이면
파도가 애써 틈을 메꾸겠지마는
그 상처를 메운 파동은
모든 구석구석으로 일렁이며 퍼지는데

하물며 내 마음은 어떻겠나요
그대 지나간 자국은 해일을 일으켜버렸는데
파도가 애써 메꾸려 하겠지마는

하물며 내 모든 구석은 어떻겠나요

3부

다듬어서, 다시 안녕

게슈탈트 붕괴

-

그런 거 있잖아
계속 같은 단어를 읊다 보면 어색해지는 거

지금에 와 너를 줄곧 읊으니
어색해 마치 세상에 없던 이름 같아

이대로는 놓쳐버릴 것만 같아
다시 고개를 휘젓고 눈을 꽉 감아 리셋.
떠보면 그제야 조금은 다시 익숙해진 너

더 부르다가는 영영 잃어버릴까 봐
아주 가끔만 속삭이려 해

네가 내 안에서 무너지지 않게
드문드문 성글게
널 부르려 해

윤슬이 불러온

-

당산과 합정 사이
한강이 뽐내는 그 몇 초의 시간
너를 떠올려버린 나의 온종일

전조등과 유리빛, 그리고 우리

-

그 시절의 우리는
어둠 속 유리와도 같은 존재
조그마한 찰나의 빛에도
쉽사리 반응해 제 존재를 알린다

아득한 밤
불현듯 지나가는 차 전조등에
스윽하고 나타났다 저리로 사라지는 유리빛

어둠처럼 묵묵히 잊고 있어도
기어코 어딘가에서 존재를 알리는 것

오늘 밤에도 불청객처럼 불쑥 나타나
내 마음도 그 유리빛 따라
제멋대로 따라가버렸다

잠깐의 빛에 유리빛이 되고
유리빛은 주마등이 되어
오늘도 난 고요 속에
이미 그 시절을 다녀와버렸다

오늘 밤,
눈을 감아도
빛은 있다

그 골목의 정의가 네가 되었던 날이 있어

-

그 골목의 정의가 네가 되었던 날이 있어
내 청춘의 정의가 너였던 시절이 있어
내 일상의 정의가 너였어

그 의미가 모이고 모여
언제부턴가 바뀌지 않는
사랑의 정의

너.

우리 함께이던 장면들을 모으면

−

우리 함께이던 장면들을 모으면
다시 우리가 될 수 있을까 하면서도

알아.
깨진 조각을 모아본들 그저 깨진 덩어리일 뿐
빠짐없이 모아 이리저리 붙여본들
결과는 우리가 될 수 없다는 걸 알기에

퍼즐은 재차 완성하지 않고
늘 맞추고 있는 상태로 머문다

계속 기억을 뺐다−
넣었다−
하면서

변치 않을 잔상

변치 않을 마음이라 하셨죠
저는 아직 그 마음을 잊지 않았습니다

그 마음은 오롯이 진실이었을 겁니다
그걸 지켜내지 못한 우리가 있을 뿐이죠

진실은 여전히 반짝여 잔상의 중심에 자리합니다
제가 종종 지긋이 눈을 감아보는 이유입니다

빗물이 남긴 암호

-

빗물이 애써 창에 남긴 암호를
각자의 마음으로 해석하고 나면
당신에겐 무엇이 보이나요

모르겠습니다
제겐 새로운 해독법을 알아내기 전까진

아니,
제가 아는 유일한 방법이 잊히기 전까지는
아마 계속 같은 장면,

얼룩지다 닦아내다 하는
그대일 겁니다

아직 너에게 그런 존재라면

-

모르고 지내 빼지 않았던
신발 안 모래알처럼
이따금 날카롭게 널 일깨운다면
거슬리게 한다면

걸리적거리게 하고
그래서
가는 길을 머뭇하게 한다면
아직 내가 너에게 그런 존재라면

눈에 밟혀 무심코 지나치지 못하는 꽃처럼
나는 너에게 인사하겠지

반가운 기억까진 아니더라도
옅은 미소로 화답하는 널 본다면
참 흐뭇하겠다

오늘도 멀리서 사랑할게요

—

지나간 감정은 결코 돌아올 수 없잖아요
그렇기에 나는 그대가 돌아오길 바라지 않습니다
이건 진심이에요
이전처럼 사랑하기엔 나도 겁쟁이가 되어버린걸요

그 시절 우리는 아주 좋은 나라로
영영 돌아오지 않을 여행을 떠나
자리를 잡은 연인처럼 그곳에 사는 거죠

그리움이란 도구로만 사랑하는 것도 나쁘지 않아요
어쩌면 그것이 외려 나의 알짜 사랑일 겁니다

그러니 나는 오늘도 멀리서 사랑할게요

손톱달

―

꼭 너의 모양이야
깎고 깎아 딱 그만큼만 내게 남았는데
여전히 이리도 빛나고 있잖아

손톱의 모양을 빌린 달은
웃는 입가 같기도
우는 눈가 같기도 해서

우러러 널 떠올린 날엔
함께 미소 짓기도
함께 눈물짓기도 해

반딧불이 잔상이 되도록

-

밤이 되어 하늘 별 꺼지면
네가 켜진다
어둠에 적응되어 가는 내 눈처럼
서서히 네가 환해진다

내 고독의 시간인데
언제부턴가 네가
반딧불처럼 고요 위에 내려앉았다

휘이휘이 손짓을 해볼까 싶다가도
내심 거슬리지 않는다

반딧불이 잔상이 되도록
작정하고 턱을 괴었다

눈을 감아도 내 꿈을 밝히기를 소원하며

이사는 옮기는 일인 줄만 알았지

-

이사는 터를 옮기는 일인 줄만 알았지
옮기다 드러난 묵은 바닥, 간신히 숨만 쉬던
꽤나 오래 소외된 날들을 비추는 일일 줄이야

와, 내가 이런 적도 있었네-
이거 가지고 참 많이 놀았었는데-
혹 아직 어린 날의 지문이 묻어있을지 몰라
닦아내지 않고 툭툭 털어낸다

그러다
덜컥 서랍을 열어 쏟아진 빛에
깊은 잠을 자고 있던 너와 나의 흔적도
부스스하게 눈을 뜬다

그건 마치 가라앉아 있던 심해를 태풍이 뒤엎듯
아래위를 뒤섞어버리는 일이었다
낡은 기억 속 너와 내가
다시 수면으로 떠오르는 일

다시 천천히,
어쩌면 더 빨리 가라앉아 버릴 테지
이번에는 조금 더 얕게
조금은 덜 그늘진 모퉁이에 두었다

새로운 방은 더 좁아지는데
지난날들을 굳이 아끼는 나라서
결국 쉽사리 공간을 내어주고야 만다

언젠가 다시 뒤섞일 날을 기약하는 마음으로

음성의 수명

-

음성은 기억보다 질기다

흩어진 얼굴들은 어쩐지 제대로 맞추기 힘들다
키조차 얼마나 되었었는지
머릿속이 간질간질 누군가 방해하듯
도무지 그려지지 않고
애써 맞춰 놓은 퍼즐은 정답인지 알 길이 없다

하지만, 그 목소리
잊을 수 없는 느릿느릿한 말투
다소 높던 어조
멀리서도 들을 수 있던 날카로운 음색

길을 걷다가도 고개를 돌리게 되는 건
어질러진 기억의 조각들을 한순간에 정렬하는 건
어슴푸레한 잔상에 원색을 더하는 건
음성이다

음성은 우리의 사랑을 간증해 주는
명확한 증인일 테다

오래 정성스레 수집할수록 음성은 깊이 고이고
그 웅덩이의 출렁임으로부터
나는 너를 충분히 그릴 수 있다

마침내 너는 내 안에 음성으로 남았다
이렇게 나는 내 사랑을 다시 한번 고백하는 바이다

주황 노랑 빨강 그 어디 즈음의 노을

-

주황 노랑 빨강 그 어디 즈음
오다가다 지쳐 해지고 바랜 섬광의 색

주황 노랑 빨강 그 어디 즈음의 노을
태양의 색을 닮은 까닭인지
까마득한 우주를 넘어
몇 광년의 그대를 기어코 데려오는 왕복선

분홍 파랑 보라 그 어디 즈음까지
그대를 사색으로 끝까지 잡아두다
이제는 떠나려는 왕복선, 그 마지막 빈자리에
그대를 다시 태워 보낸다

주황 노랑 빨강 그 어디 즈음에
오늘, 나도 그대에게 다녀왔을까요
그래, 그래서 나 오늘 이리 노곤한가 봐요

내 안의 리시안셔스

꽃집은 아직도 덫 마냥
무심코 지나치는 내 발목을 턱하니 붙잡는다

꽃이라곤 장미와 카네이션 밖에는 모르던 사람이
어느새부턴가 리시안셔스니 수국이니
고심하며 꽃다발을 꾸미던 때가 있었다

나서는 길에 으레 꽃 한 송이라도 챙겨야
헛헛한 마음이 든든히 채워질 때가 있었다

그대와 나
꽃잎 하나하나로 글자 하나하나를 모아
편지로는 감당 못할 마음을 건네던 때가 있었다

그대는 언젠가부터 내 안에
시나브로 리시안셔스로 자라하여
이렇게 꽃집을 지나칠 때면
아직도 내게서

활짝 피었다가-
금방 지기도-
가끔은 썩 오래 피어있기도 해

나는 네게 어떤 꽃말로 남았는가

―

이름 모를 너에게도 꽃말이 있을 테다

꽃말은 분명 시인의 마음으로 지었을 텐데
어떤 깊은 사연이었을까
혹은 얕은 감정이었을까

언젠가 그대도 한 번쯤 시인의 마음이 되었을 텐데
그대 내게 어떤 꽃말을 붙였을까
나는 그대에게 어떤 꽃말로 남았는가

오늘 너를 보아 나 차분한 백색이 되었다
내 지워지지 않을 사연 줄 테니
오늘 너의 꽃말은 변함없는 위로가 되어주기를

우리를 부르려고 해

-

너를 노래로 쓰는 게 지겨워질 때
난 노래를 부르기로 했어

노래로 쓰기만 하는 건
종이학을 유리병에
꾹꾹 담아내기만 하는 것 같아서
후- 불어 하나하나 날려보내기로 했어

너의 유리병에도 몇 개의 내가 있을는지
애초에 채워진 적 없었는지도 모르지만
내 유리병은 이제 곧 넘칠 것만 같아서

그저 보편적인 노랫말로
우리의 얘기로 들리진 않을 정도로만
너에게 오해가 되지 않을 정도로만

그렇게 우리를 부르려고 해

80%

—

그 사랑이
기어코 결승선에 다다르지 못했어도

타버릴 것 같은 갈증에
끊어질 것 같은 육신에
산화될 것 같은 마음에
고통스러워 그 끝에 결국 고꾸라진대도

그럼에도 불구하고
그 사랑은 결코 헛되지 않다

꽃망울로 굳어버린 사랑일지라도

-

우리 사랑이 끝끝내 만발하지 못해
꽃망울로 굳어버린 사랑일지라도

만개에 실패해 웅크린 모습이
내겐 도리어 빛나는 눈망울 같아서

피지 못한 사연도 품은 자리
우리의 이야기 달아나지 못하게
더 꼬옥 감싸고 있는 모양 같아서

그래도 우리, 한때
같은 뿌리 둔 사랑이었으니까
피려 했던 연이었으니까
피려 한 움직임이었으니까

피지 못해 더 지지 않을 망울
멍울로 시들지 않도록
보듬는 마음이 있다

우리는 애써 눈사람을 쌓고

―

끝까지 돌봐주지도 않을 거면서
분신 같은 사람을 만들었다

그렇게 봄볕에 서서히 녹도록
그 자리에 그대로 둘 거면서

우린 애써 눈사람을 쌓고
눈사람 같은 사랑을 했네

나로부터 시작되어야 할 일

-

너를 사랑하기 위해서는
나를 먼저 사랑해야 할 일이다

너를 채워 주기 위해서는
나를 먼저 채워야 할 일이다

너를 향하기 위해서는
나를 먼저 향해야 할 일이다

사랑은 그렇게 나로부터 시작되어야 할 일이다

배움에서 배웅으로

—

사랑은 늘 배움으로 시작해 배웅으로 끝납니다
그날의 배웅도 결국 배움이 되었을까요

여전히 배웅은 배우고 배워도 서툴고
늘 배움을 채우지 못한 채 배웅을 합니다

애초에 배움에 배웅은 없는 거예요
그렇게 뒤돌아보지 않는 사랑이어야
배웅이 또 다른 배움이 될 수 있는 일입니다

사랑은 바다

사랑은 바다라고 여겼다

거대한 청어처럼
태양빛을 등에 업어
눈부시게 반짝이며 재잘대는
푸르른 바다

잦은 잔물결들에
점점 파도가 쌓여가고
결국 해일이 될 때까지도
바다는 다 품어줄 수 있을 것이라고 생각했다

그리도 단단하다고 믿었던 방파제가
실은 그럴싸한 껍데기였다는 것을
해일이 쓸어가고 나서야 알게 되었다

거품과 함께 밤을 맞은 바다는
정색하듯 빛을 잃어버리고
이토록 무서운 어둠으로
날 삼켜버리리라곤 생각지 못했다

무너진 잔해들은 결국 또 바다가 안고 안아
심해의 바닥에 침전되어 좋은 거름이 되리라

그리하여 더 그윽한 바다의 모습으로
새로운 태양을 맞이할 것이다

그렇게 내 바다는 분명히 풍요로워질 것이다

영원히 사랑해

-

영원을 약속하는 것도 어린 날의 특권이지

그 순간을 온전히 쏟아부어
굳은 약속을 만들었으니
그것은 결코 가벼운 선언은 아닐 테지

지켜지지 않았다고 해서
그 마음이 없던 일이 되는 건 아니니까
단지 그 자리에 지금도 묶여있을 뿐이지

그 말을 해본 이라면
그 말을 들어본 이라면
무거운 사랑에 가슴이 눌려본 이라면
그래, 이미 축복받은 사람인 거야
누군가의 진심을 무게로 받은 자국은
결코 흔치 않을 흔적일 테니

시간이 지나
다시 새롭게 이 말을 하고픈 용기가 생긴다면
그건 분명
더 없을 사랑일 거야

놀이터에 꽃을 심는 마음

—

텅 빈 회전목마, 떠나버린 놀이터 마냥
고요를 넘어 쓸쓸해진 우리의 자리

사랑이 머물던 자리
아이들 웃음소리 영영 잃은
쓸모없는 공터가 될까 봐
그게 싫어 난 꽃을 심기로 했다

비록 찾는 이 나뿐이라
이내 산책하듯 둘러보러 오는 것을
미련이라 부를지라도
폐허로는 두지 못하겠는 마음이어서
난 글이라는 꽃을 심기로 했다

그렇게 꽃을 심어
여기, 조촐한 정원이 된다면
혹시 또 모르지
나 말고도 구경 오는 이 하나 둘 있을 테니

그러고는 고백한다
나는 이 자리를 사랑한다
머물렀기에 이제서야 글을 심을 수 있었다고
비어졌기에 꽃을 심을 수 있는 터가 된 거라고

이렇게 소심히 고백을 하고 나니
보다 더 사랑스럽다

안녕과 안녕, 그 사이

안녕과 안녕, 그 사이
스스럽게 발을 뗀 프롤로그부터
허위허위 다다른 에필로그까지

참 아기자기한 대화부터
그토록 지독하던 불화까지도

지금은 그저 일기 몇 장의 기록일 뿐이더라도

우리가 누빈 그 모든 서사를 사랑해

나가는 말

 한 번도 나의 생각들이 누군가에게 읽힐 것이라고는 생각한 적 없습니다. 한 번도 누군가에게 깊은 진심의 말들을 이토록 풀어놓은 적 없습니다.

 낯선 남해의 한 독립서점에서 독립서적을 처음 마주하고는 문득 나도 어쩌면 책이라는 창을 통해 누군가에게 전혀 화려하진 않지만 결코 초라하지는 않을 마음을 전할 수 있겠다는 생각이 들었고, 그렇게 지금 이 순간까지 오게 되었습니다.

 따뜻함 가득 품은, 그래서 계속 만지고픈 책이었으면 합니다. 은은히 곁에 두고 보고픈 글이었으면 합니다. 되지 않는 위로의 말보다는 공감의 문장이 힘이 된다는 것을 알기에, 때로는 우연히 본 사진 한 장이 엉킨 마음을 풀 단서가 될 수 있다는 것을 알기에, 고심하고 고심해서 사진을 다듬고 문장에 혹여라도 청유나 권유의 말이 지나치지 않도록 내내 주의하며 책을 마쳤습니다.

 우리는 모두 분명 어떤 형태로든 사랑을 하고 있습니다. 그렇기에 이 책에서 만난 걸 거예요. 이 책을 눈에 두고, 집고, 정성스레 페이지를 넘기며 봐주신 모든 분들께 진심으로 감사하다는 말씀드립니다.

김마음 단상집
우리의 시간이 꽃말이 되었을 때
© 김마음 2023

초판 1쇄 발행 2023년 5월 2일
초판 2쇄 발행 2023년 8월 30일

지은이 | 김마음
사진 | 김마음 (@maumxscenes)
디자인 및 편집 | 김마음

발행처 | 인디펍
발행인 | 민승원
출판등록 | 2019년 1월 28일 제2019-8호
주소 | 61180 광주광역시 북구 용주로 40번길 7 (용봉동)
전자우편 | cs@indiepub.kr
대표전화 | 070-8848-8004
팩스 | 0303-3444-7982

정가 13,000원
ISBN 979-11-6756-218-0 (03810)

* 이 책은 저작권법에 따라 보호받는 저작물이므로 무단 전재와 복제를 금합니다.